JN439078

아련한 그리움 되어

권상원 시조집

세종출판사

권상원 시조집

아삭한 그리움 되어

초판1쇄 발행 2022년 8월 15일

지은이 권상원
펴낸이 이길안
펴낸곳 세종출판사

주소 부산광역시 중구 흑교로 71번길 12 (보수동2가)
전화 463－5898, 253－2213~5
팩스 248－4880
전자우편 sjpl5898@daum.net
출판등록 제02-01-96

ISBN 979-11-5979-526-8 03810

정가 10,000원

부산광역시 BUSAN METROPOLITAN CITY 부산문화재단 BUSAN CULTURAL FOUNDATION
본 도서는 2022년 부산광역시, 부산문화재단 지역문화예술 특성화지원사업으로 지원을 받았습니다.

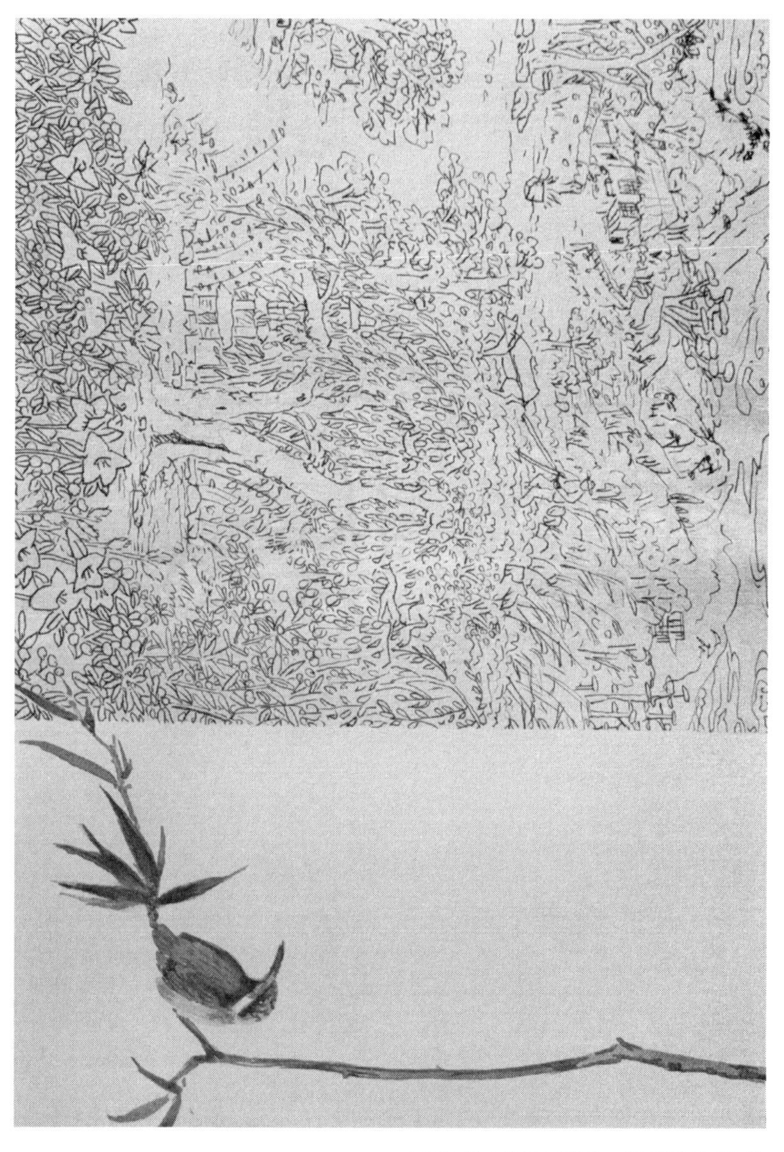

표지그림 | 캘리그래피 : 안기찬(安起燦)

개인전, 개인초대전, 단체전, 국제교류전 등 다수 출품
한국미술협회이사, 대구미술대전심사

시조집을 내면서

1960년대
가난하고 배고픈 어린 시절
키보다 깊고 넓은 구덩이를 파고
무, 배추, 가을감자를 갈무리하던
땅속 움막을 드나들던 일
솥뚜껑 뒤집어 놓고
들기름으로 찌짐을 굽어주시던 어머니!
아삭한 그리움 되어
봄비처럼 내립니다.
6.25 참전용사였던 아버지!
6남매 모두 학교 보내고
집을 떠나 혼자 자취 생활하셨다.
농사철엔 쟁기질과 짐지게 지시고
국가유공자는 도라지꽃으로 승화하셨네.
일찍 홀로 3남매 키우신 동촌댁 할머니!
1976년 저의 첫발령 소식을 듣고
너무 좋아하셨는데 그길로 운명하시고
돌이켜보니 불효한 언행이 늘 걸립니다.

2022년 여름 권상원

차례

제2부 오이냉국

제3부 산야와 탱크노래방

제4부 학이 별이 되어

제5부 1976년 7월 보름

제6부 선율선 시조보

제1부

을숙도의 봄

구포장龜浦場

자동차 없던 시절 어린애를 안고 업고
한참을 걸어와서 시장 골목 누비다가
뜨뜻한 구포 칼국수 시장통서 먹었지.

대리천 뚝방 너머 먹자골목 들어서니
구포국수 막썰어회 순대 족발 생각나고
정情넘친 소머리국밥 한 그릇이 2인분

구포장 삼팔장날 사십년 뒤 찾았더니
그때나 지금이나 있을 것은 다 있는데
보신견 보이지 않고 간판들만 남았네.

금강송면

춘양장 다녀오세 울진장은 언제 가노
등짐이 한 짐인데 열두 고개 우째 넘노
보부상 바지게꾼 노래 구성지게 들리네.

울진군 금강송면 작은 빛 소광리에
붉은빛 소나무가 무리지어 산다지요
대왕송 금강소나무숲길 예약해서 가보세.

답곡리 만지송萬枝松

붉은빛 나뭇가지 바람 따라 춤을 추고
사백 년 나이만큼 가지마다 맺힌 사연
떠날 때 뒤돌아보니 옛날 얘기하자네.

웃으며 다가가서 따듯한* 말 건네주니
신명 난 굽은 가지 반송盤松 부채 펼쳐 준다
답곡리 천연기념물 만세무강萬世無疆 하소서.

* 따듯한 : 감정, 태도, 분위기 따위가 정답고 포근한. '따뜻한'보다 여린 느낌을 줌.

만주벌판

낮에는 옥수수밭 밤에는 수많은 별
확 트인 땅 하늘이
고구려 옛땅인데

온종일
달리고 달려도
창밖에는 옥수수밭

만주벌 한가운데
장춘시長春市 중심으로

끝없는 대평원이 발해의 옛 땅인데

모르고
지나친 역사가
앙가슴을 울린다.

별천지! 영양

별천지 내 고향은
육지 속의 섬이씨더

영양고추 맑은 공기
따라 올 수 있을리껴

별들도
천지빼까리래요
수하계곡 가보면

봉감모전오층석탑

자연석 기단 위에 돌로 쌓은 모전석탑
봉감리 천년탑을 고증考證해서 복원하니
흙색깔 혼이 살아나 고색창연古色蒼然 빛나네.

반변천半邊川 물가에서 천년 세월 버틴 것은
밤에는 달과 별이 말동무로 놀아주고
낮에는 수시로 찾아오신 방문객들 덕분에.

불영계곡

울진과 봉화 사이 36번 국도변에
산태극 수태극형 천축산 불영계곡
오누이 사랑바위는 떨어질 줄 모르네.

봄날의 분홍 물결 바위 옆 참꽃 무리
비취빛 맑은 물에 민물고기 춤추는데
적송과 기암절벽이 선경仙境되어 반기네.

빛깔찬* 고춧가루

토양은 식양토에 일교차 크다 보니
빛깔도 우수하고 맛과 향이 뛰어나서
김장용 고춧가루는 영양고추 최고지.

적당한 매운맛에 당도도 높다 보니
눈요기 침이 꿀꺽 혀끝 맛이 그저 그만
찜 요리 콩나물에는 홍고추가 어울려.

* 경북 영양군에서는 "'빛깔찬'"이란 상표명으로 고추를 생산해 내고 있다.

서운암

서운암 닥풀꽃은
햇살 보고 활짝 웃고

운율에 맞춰 우는
매미들의 합장 소리

암갈색
옻칠 기둥은
장경각을 지킨다.

세병교洗兵橋

하마정下馬停 거제리서 세병교 가는 길에
십자산十字山 고개 넘어 대조大鳥마을 잠시 들러
황새알 우물터에 앉아 물 한 모금 마시세.

피 묻은 모든 병기兵器 온천물로 씻었더니
임란도 끝이 나고 온천장溫泉場이 북적인다
민심이 평안해지니 조선 땅이 풍년일세.

두루미 날아올라 춤사위 자아내니
물고기 흥이 나서 물 밖으로 솟구친다
들놀음 동래야류東萊野流에다 동래학춤 얼씨구.

水營洞 푸조나무

수영성水營城 남문 찾아
사적공원 들어서면

군신목君臣木 곰솔들이
위풍당당 호위하고

오백년 천연기념물 고개 돌려 보신다.

북쪽엔 할배나무
남쪽엔 할매나무

풍채는 우람하고
겉모습은 남루하나
금슬이 한결같으니 본받으며 살자고.

왕피천

하늘이 내려주신 왕피천 맑은 계곡
용소를 둘러보고 학소대에 올라 보니
솜구름 물속에 잠겨 한가로이 노닌다.

백로의 날갯짓에 수달은 잠영하고
은어 떼 물장구로 물보라로 흩어지니
몽돌과 산 그림자는 품을 내어 숨긴다.

을숙도의 봄

철새 떼 머물다 간
을숙도 갈밭머리

수척한 배 한 척
하릴없이 주저앉아

햇살이 키워낸 바다를 쉼 없이 쫓고 있다.

때로는 진흙 펄에
발목이 잡혔어도

수평선 저 너머로
또다시 길 떠나는

작은 배 환한 얼굴이 하구에서 빛난다.

장경각에서

서운암 장독대는 가부좌로 햇볕 쬐고
초파일 금낭화는 연등처럼 매달렸네
들꽃은
밤이슬 머금고
장醬과 함께 숨쉬네.

영축산靈鷲山 산자락에 미음 자 큰 기와집
검은색 나무옻칠 미로 관람 경이롭네
도자기
16만 대장경은
성파스님 창작품.

초화주椒花酒*

갖가지 한약재로 빚고 끓인 증류주라
톡 쏘는 목 넘김에 맛과 향이 오묘하여
술잔이 몇 순배 돌고 나니 몸도 맘도 취한다.

일월산 깊은 계곡 산삼 썩은 암반수라
술과 시 좋아하는 선비양반 둘러앉아
술 한 잔 주거니 받거니 하며 시조 한 수 읊는다.

이규보 문집 속에 술 이름이 등장해서
팔백년 지난 뒤에 전통주로 진상進上되고
이천년 아셈ASEM정상회의장 만찬주로 뽑혔네.

* 온갖 한약재에다 후추와 꿀이 들어가는 발효 증류주로, 경상북도 영양군의 전통주이다. 후추(椒)와 꽃(花) 속의 꿀이 들어간다 하여 초화주(椒花酒)라 이름 붙여졌다.

화전花煎

봄에는 진달래전 여름엔 장미꽃전
가을엔 감국화전 겨울에는 쑥갓잎전
꽃고명 살며시 올려 동글납작 지진다.

아낙네 둘러앉은 삼짇날 꽃놀이에
진달래 깔깔대니 산자락도 수다떤다
속가슴 쓸어내리는 덴동어미* 왔구나.

번철燔鐵*에 찌진 꽃전 꿀 발라 실컷 먹고
시조가락 율에 맞춰 셀카몰카 사진 찍어
서운암 공작 꼬리에 차려 놓은 꽃잎전.

* 덴동어미 : '덴동어미화전가'에 나오는 불에 덴 아이의 엄마
* 전을 부치거나 고기 따위를 볶을 때에 쓰는, 솥뚜껑처럼 생긴 무쇠 그릇.

흥부만세공원

기미년 4월 13일 삼팔장 흥부장날
건어물 소금 장수 장꾼들이 다 모였네
수백 명 장터에 모여 만세 시위 불 지폈네.

울진군 부구리 북면성당 건너편에
만세공원 찾아가니 군중은 간데없고
역사만 비문에 새겨 삼일정신 잇고 있네.

제2부

오이냉국

고향집

임자년 시월 상달 한 칸 반 오두막을
방 세 칸 부엌으로 번듯하게 지었는데
주인은 돌아가시고 빈집만이 남았네.

고2 때 지은 집을 퇴직 후 둘러보니
고칠 게 많더라도 내 손으로 해 보려니
유튜브 DIY 공사 밤새는 줄 모른다.

텃밭엔 고구마를 울타리엔 옥수수를
상추랑 달래 심고 풋고추에 들깻잎에
수세미 여주도 심고 총각무에 단호박.

봄에는 수선화를 여름에는 백합과를
가을에는 쑥부쟁이 겨울에는 복수초를
대문 옆 함박꽃나무 손수 심은 어머니.

꺼저리콩

눈빠꼼* 이른 아침 이방저방 몰래 가서
장판 밑 숨겨놓은 꺼저리콩* 꺼내 먹던
그리운 정월대보름이 거저리 되어 기어간다.

형 동생 나눠 먹던 주머니 속 꺼저리콩
볶은 콩 갈라진 틈 겨울나는 손등 같아
아리고 어렵던 시절 귀밝이술 취한다.

* 작은 틈이나 구멍이 깊고 매우 또렷하게 벌어져 있는 모양.
* 경상북도 안동 지방의 세시풍속. 정월 14일에 콩을 볶아서 방의 네 구석에 놓아 두었다가 보름날 아침밥을 먹은 뒤에 "꺼저리 주워 먹자, 딱정이 주워먹자."라고 말하면서 주워먹으면, 장판 밑에 생기는 딱정벌레인 꺼저리가 없어진다고 한다.

낮술

막걸리 한 사발을
새참에 마셨는데

얼굴이 붉어지니
남 보기에 민망하네

땀 흘린
농사철에는
생수보다 더 낫지.

놋그릇

대가족 둘러앉아
설날을 기다리며

볏짚에 박박 닦던
묵은해 기와 가루

잊고 산
은은한 자태
멋스럽게 티 난다.

도라지꽃

산에는 산도라지
밭에는 밭도라지
필 곳도 많을 텐데 하필이면 봉분封墳 옆에
아버지 묘비墓碑 둘레에 말동무로 피는 꽃.

흰꽃은 백도라지
모슬포서 신병훈련
보라꽃은 청도라지
육이오 때 참전용사
벌초 때 베지 않은 건
심심하지 않으시게.

밀양읍 야전병원 전상戰傷으로 의가사제대
비명碑銘은 국가유공자 안동권공 재명지묘
도라지 보랏빛 꽃별 육군대장 되셨네.

동촌댁 할머니

끼마다 챙기시던 할머니 호령 소리
대가족 여덟 식구 다모여야 식사하네
손주들 배고플까 봐 목쉬도록 불렀네.

새벽잠 더 자라고 아침에 군불 떼고
아랫목 파고들어 꼬부라져 자다보면
사랑문舍廊門 화들짝 열며 안일라나 일라라.

사구장四九場 기다리며 물목物目은 다 외셨고
영양장 만원버스 삼십 리 길 오가셨고
저녁엔 장날 있었던 일 세세하게 알렸네.

버들강아지

산에는 진달래꽃
거랑가* 버들개지

앞마당 강아지는
꼬리치며 나뒹굴고

시냇가 버들강아지
봄이 왔다 알리네.

입술을 오므리고 혀끝을 구부려서
침 적셔 소리 내며 빈자리 톡톡 치면
손 시린 손바닥처럼 동동거려 웃네요.

* '시냇가'의 방언(경상).

버들간지

살얼음 입에 물고
봄 친구 모여 논다

갯버들 버들간지*
손바닥에 올려놓고

꼬꼬꼬 혀끝을 차며
톡톡 치던 노리개.

설레고 탐스러워
눈으로 만져본다

봄 햇살 가리려고
모자챙도 썼네 그려

봄소식 수놓아 만든
빨노랑흰 솜털 꽃

* 버들간지: 버들강아지, 경북 영양지방의 사투리꽃

봄비

– 어머니

초가집
추녀 끝에
비 오는 늦은 오후
빗소리
자작자작
배추 찌짐 굽는 소리
솥뚜껑 들기름 위로 살짝 비친 어머니.

배추전
잘게 찢어
조선간장 살짝 묻혀
입속에
넣어주신
부엌살이 어머니가
아삭한 그리움 되어 봄비처럼 내린다.

송기松肌떡

보리밥 부끄러워 가리고 수그리고
흰쌀밥 먹는 친구 웃으면서 조잘조잘
밥 대신 나물죽이라도 먹었으면 했었지.

배고픈 점심시간 물로써 배 채우니
뱃속은 작은 물통 물소리 촐랑촐랑
양지쪽 쪼그려 앉아 배고픔을 참았지.

칡뿌리 산나물은 60년대 먹거리요
쑥떡과 감자떡에 짭짜름한 시무잎떡
송기떡 먹는 날이면 부럽지도 않았지.

억새꽃

시월의 언덕배기 은백색 억새풀이
바람에 어우러져 어깨를 비벼댈 때
석양에 아른거리는 울 할머니 머릿결.

물비늘 반짝이는 강가의 억새꽃은
지나온 과거 일을 차창 밖에 비추고
흰 구름 파란 하늘에 떠다니는 시간들.

낭만에 젖으면서 사진 찍는 가족들
백발이 쑥스러워 고개 숙인 억새꽃
억새꽃 아름다워라 석양빛에 타는 놀.

오이냉국

쇠응달 바위 틈새 찬 샘물 길어다가
오이채 불린 미역 새콤달콤 버물리면
한낮의 불볕더위도 놋대접에 녹는다.

냉국에 꽁보리밥 풋고추 된장 찍어
찐 감자 한입에다 묵은지 한두 조각
달빛에 익은 노각이 입가에서 웃는다.

* 국제신문 [국제시단] 오이냉국 / 2016-07-10
찬물에 밥 말아 먹던 가난했던 60년대, 산골에서 한여름 한낮에 자주 먹던 오이냉국이 그립다. 온갖 산나물이 지천지에 깔려 있고 월자봉과 일자봉도 있는 일월산, 쏟아지는 별빛 아래 소까지(썩은 소나무 뿌리) 불 피워 놓고 멍석에 앉아 '해와 달이 된 오누이' 이야기하던 할머니도 그립다.

쟁기질

서원골 고추밭에 쟁기를 지고 가서
멍에를 죄어 걸고 머구리* 끼고 나면
손아귀 침 탁 뱉어서 이까리*를 감아쥔다.

거친 숨 몰아쉬고 마른침을 게낼 때면
이마에 맺힌 땀을 옷소매로 닦으시고
고삐를 살살 때려가며 소 부리던 아버지.

밭고랑 돌고 돌 때 워낭 소리 멈춰지면
이랴 워 이랴이랴 어데데데 워워 돌아
비탈밭 쟁기질하시며 평지밭을 꿈꾼다.

* 머구리: '멍에'의 경북 방언
* 이까리: '고삐'의 경상도 방언

제비집

처마 밑 보머리에 아기 제비 세 마리가
노랑 입 너무 벌려 걱정되어 놀랐는데
흔적도 기별도 없이 온 가족이 떠났구나.

삼만 리 남쪽 나라 그 먼 길을 어찌 가니
대마도 건너가서 오끼나와 필리핀 지나
하루에 수백 킬로씩 날아 수마트라섬 간다더라.

달포간 가야 하니 칠월 초에 떠났구나
앞날도 내다보며 귀소본능歸巢本能 가졌으니
살던 집 그대로 둘 테니 내년 봄에 오거라.

<계간 '시조미학' 2021년 겨울호>

* 출처-'한결-더 좋은 세상'

코스모스Cosmos

고향길 만국기는 코스모스가 제격이지
수줍은 분홍빛에 목이 타는 새하얀 빛
선선한 가을바람에 잔물결로 나부낀다.

꽃도 고향 꽃 앞에서는 죄다 철부지지
휘굽은 십리길섶 검정고무신 옛 소년이
해맑게 미소 지으며 다가가는 걸음마.

누구를 떠올려도 얼마나 귀한 거냐
뙤약볕 자갈밭도 허투루 뵈지 않아
가을 뜻 두 손에 받아 꽃도 나도 함께 핀다.

풀쐐기

뙤약볕 햇살 피해 잎 뒤에 숨어 살며
잎 둘레 갉아 먹고 가시마다 독을 품어
스치면 쏘아버리는 풀숲 속의 파수병

침 묻혀 문지르고 된장 찍어 발라 보고
잎사귀 반을 접어 터트리고 비빈 다음
쏘인 데 문대다 보니 화가 풀려 시원해.

얼굴은 만두 같고 성깔머리 톡톡 쏘니
귀요미 미우새라 조카 별명 어찌할꼬?
고모 왈 넓적 풀쐐기 나이 드니 알겠네.

흑백사진

삐딱한 이름표 단 단발머리 까까머리
추억의 등燈을 켜면 눈망울만 초롱초롱
세월이 반백년 지난 흑백사진 눈부셔.

길섶에 숨어서 핀 들꽃 같은 초등 친구
걸어 맨 책 보따리 반찬 물에 얼룩지고
배고픈 네모 도시락 딸각이며 칭얼대.

가을철 산골아이 허기지고 차비 없어
학교 옆 삼거리서 동네끼리 돌팔매질
신작로 뿌연 먼지도 그날따라 힘없어.

뙤약볕 점심시간 아지랑이 어른대면
논두길 달려갈 때 넘어지고 엎어지고
보洑에서 멱 감던 시절 잿빛 되어 씩 웃네.

제3부

산야와 탱크노래방

경자년庚子年 일기

경자년 우곡리에 머물며 있다 보니
오십천 둑길에는 발소리도 한적하고
널따란 운동장에는 그림자도 숨어 논다.

고향집 마을길은 꽃길로 변신하고
트로트 광풍에다 유튜브는 대세이고
귀찮게 오기만 하는 코로나-19 문자들.

나무는 위로 자란다

산비알* 나무들도
똑바로 서서 자라고

바위틈 나무들도
위로 보며 자라고

절개지
옹벽에서도
하늘 향해 자란다.

* '산비탈(山--)'의 방언(경상, 충청).

느티나무 새순

땅 쪽의 가지들은
눈치 보고 있는데

하늘로 솟은 가지
은근슬쩍 싹 틔운다

새순은
싱숭생숭하고
봄바람은 따습다.

대화가 필요해

하늘이 땅을 보고 천하를 다 가졌어
차와 집 좋은 직장 신혼여행 아이까지
별들은 잠이 안와서 우주에서 떠돈다.

왜 땅은 하염없이 하늘만 쳐다보나
별의별 휴대폰은 뜬눈으로 지새는데
벙어리 냉가슴 앓듯 돌아앉은 대화들.

막다른 길

큰 대자 누운 남편
배를 보니 걱정 된다

술 욕심 나눠주고
뱃살 안주 작게 먹지

욕심이 얽히고설키면
막다른 길 바로 앞

멀건 갈비탕

조미료 감칠맛에
고기는 쬐끔 있네

갈비뼈 잘린 토막
당면 속에 겉돈다

두 눈은 두리번거리고
손님 마음 떠난다.

물구나무

거꾸로 보면 거꾸로
보일 줄 알았는데

서서 봐도 서 있고
거꾸로 봐도 서 있다

나무는
거꾸로 봐도
얼굴은 벌겋다.

산야山野

술 세 병 기본에다 안주는 푸짐한 집
벽에는 시와 시조 쌓은 책탑 글향 번져
복개천 서면문화로 골목 어귀 그 산야.

통싯간 비좁지만 곁눈질 기다리고
산과 들 취기 올라 큰 웃음 왁자지껄
얼큰한 도심 한복판 알고 보면 지* 자랑.

* 제, 자기, 내, 나의 방언

새벽 산길에서

오르는 산길 따라 손전등 밝혔더니
어둔 숲 산비둘기 푸더덕 날아가고
거친 숨 몰아쉬면서 새벽잠을 깨운다.

산짐승 흔적 따라 산안개 사라지고
가을잎 내려앉아 고라니 똥 촉촉한데
멧돼지 헤집은 길가 부스스 눈 비빈다.

노숙하는 민달팽이 길 잃은 지렁이를
밟힐까 걱정하며 구절초 다독거리니
청설모 나무 위에서 두 귀 쫑긋 내려본다.

성판악을 오르며

아이젠 등산화에 발목에 스패치하고
스틱은 걸어가고 메이커는 으스댄다
성판악 굴거리나무 넘어가며 웃는다.

온몸은 데워져서 겉옷은 벗어들고
남자는 여자에게 여성은 남성 곁으로
홀로 된 외길 인생길 앞질러서 오른다.

손편지

훈련병 육십일 번
구대장 호명 소리

심장이 쿵쾅쿵쾅
설레어 뜯어보니

속내가 곱디고운 빛 되어
가슴속에 맺힌다.

어느 날

배 불뚝 어미 구피 산실에 머물더니
까만 점 구피 새끼 재빠르게 움직인다
어느 날 홀쭉한 몸매 다산이라 경사났네.

어미는 느긋하게 이것저것 보살피고
새끼는 신기해서 여기저기 쏘다닌다
구피의 생일을 몰라 어느 날로 정했다.

죽비竹篦

생각은 딴전인데 수업 시간 잡아두니
공부는 뒷전이고 아이들은 잠만 잔다
얼마나 실망하실까 잠만 자고 있으니.

임시로 갇힌 아이 사교육은 선행학습
게임과 유튜브는 낮과 밤을 바꿔 놨네
청소년 활기찬 모습 어디에도 없구나.

교실이 잠을 자니 교사들은 슬퍼한다
회초리 사라지고 입도 벙긋할 수 없어
따끔한 죽비 소리가 공교육에 울려라.

차 탄 채

적외선 CCTV
무인주차 신용카드

쇼핑도 차에 탄 채
영화도 야외극장

마스크
줄서지 말고
드라이브 스루Drive-Thru처럼

찰비산寒雨山

찰한비우 찬비찰비
한우산과 찰비산

삼복에 찬비 내리는
찰비골과 찰비산

우리말 아름다운 멋
우려내어 맛보자.

탱크노래방

동래부 동헌 앞에 노래방 탱크 있다
포졸이 드나드니 부사府使는 순찰 도네
살곰시 들어가 보니 아늑하고 괜찮아.

입구는 비쩍번쩍 지하는 일렁술렁
모르는 손님끼리 서로 먼저 인사하네
찐하게 술 한 잔하며 속 터놓고 놉시다.

십팔번 나의 노래 누가 먼저 부르니까
눈치 챈 탱크사장 민요가락 뽑아준다
백점은 어디 숨어서 터질 줄을 모르나.

팬데믹pandemic

대유행 코로나는
기가 꺾여 소멸되고

한국의 트롯열풍
전 세계로 번져나가

엄지 척
미스터트롯
그런 날이 오기를.

제4부

학이 별이 되어

가짜뉴스

뉴스도 아닌 것이 뉴스 같은 꼴을 하고
잔머리 굴려 가며 지어 꾸민 말장난들
선거철 입에 오르다 사라지는 오로라.

이니셜 찌라시에 정체도 알 수 없고
꾸미고 분장하니 그럴 듯도 하것지예
집 떠나 돌아다니는 에스앤에스SNS 신기루.

감을 따며

떨어진 대봉감은
심각한 외상환자

의식은 아물아물
속살은 산산조각

119
고추잠자리는
무전기도 없단다.

감자

작거나 상처 나고 못생긴 것 골라내어
물속에 따로 담아 물갈이를 매일 한다
손톱에 스며든 냄새 코 찌르는 구역질.

썩을 걸 버리지 않고 두고두고 썩히지
이개서* 반죽하고 빚고 찌고 전 부치네
뒤집은 솥뚜껑 가에 둘러앉은 육남매.

썩은 것 다 버려도 감자만은 못 버리네
감자전 감자송편 감자떡 감자옹심이
여름철 쿰쿰한 냄새 군침으로 넘긴다.

* 이개다 – '뭉개다'의 방언(경북). 이개어서 – 뭉개어서

까치집

나무에 걸터앉은
재개발 단독주택

햇살이 되비치는
높은 층이 부러워라

중도금 얽히고설켜
혼쭐나는 까치들.

더뎅이병

암갈색 썩은 점이 크기가 사뭇 달라
껍질이 보기 흉해 상품 가치 떨어지니

제값도
못 받으면서
수확량도 확 줄어.

고구마 감자에서 감귤 유자 석류까지
제주도 감귤에서 강원경기 온 나라가

중국산
태양광 패널은
더뎅이병 같구나!

물안개

밤사이 그 언제쯤
물안개 피어나나

새벽녘 하얀 어둠
스멀스멀 다가오고

숨 가쁜 적막 속으로 걸어가는 발소리.

데워졌다 식어가는
마음 바퀴 요란하다

갈대숲 부는 바람에
신열身熱을 다스리며

물안개 자욱한 강이 소리 없이 길을 가네.

삽살개

독도의 삽살개가
붉은 해 노려보며

뒷발을 곧추세워
늑대울음 토해낸다

나카이 요사부로中井養三郎는
독도강치 원흉이다.

상계봉에서

금정산 남쪽 자락 석불사 뒤 기암괴석
봉우리 흰 바위산 닭과 학鶴을 닮았다고

상계봉
또는 상학봉
제 맘대로 부른다.

멋스런 순우리말 산 위에서 외쳐보자
메아리 물결 되어 낙동강이 출렁이게

국제선
오가는 사람
한글사랑 하도록.

소나무

산길에 튀어나온 바위 흙 움켜잡고
솔뿌리 깊이 뻗어 바위틈새 벌리더니
올곧은 지조와 절개 한결같이 내뿜네.

아무리 더워 봐라 덥다고 말을 할까
억수로 추워 봐라 춥다고들 법석일까
폭풍우 휘몰아쳐도 끄떡없이 버티네.

솔향기 흩날리는 송홧가루 솔숲에서
푸른 잎 소곤대는 아름다운 자태 보며
한반도韓半島
소나무 문화
세세손손 전하자.

솔수염하늘소

고사목 천막 무덤
하나둘 늘어나면

애타는 이 가슴은
누렇게 말라 간다

소나무
재선충 때문에
금수강산 멍든다.

조약돌

자디잔 돌멩이라
돌팔매질 하지 말고

닳고 닳은 몸과 마음
반지르르 웃으시게

미세기*
철썩거리는
바닷가에 놔둬라.

* 밀물과 썰물을 통틀어 이르는 말. 조석, 조석수, 조수

죽부인

한 다리
척 걸치니
낮잠이
절로 오고

가슴에
품어보니
촉감 또한
그지없다

뺑 뚫려
시원시원한
소통정치
아쉽다.

철새는 어찌 살라고

겨울철 농촌 들녘
커다란 하얀 뭉치
소들은 참 좋겠다
쌓아두고 먹을 테니
이름도 곤포사일리지梱包silage
철새들은 싫어요.

따스한 한반도로
수천 킬로 날아오니
벼 낟알 하나 없고
볏가리도 사라졌네
먹을 게 하나도 없구요
숨을 곳도 없어요.

피라칸사스

노랗고 빨간 열매 이름이 뭡니까예*
피라로 시자카던데* 피라칸다 피라칸타
폼잡고 피라칸사스 혀 굴려봐 씨익 웃지.

오뉴월 하얀 꽃이 알록달록 영글었제*
시조도 우리말로 곱디곱게 수놓아서
올올이 다듬어야지 한글사랑 알거째*.

꽃보다 오래 피고 단풍보다 멋지잖아
볼거리 먹거리에 소꿉동무 놀거리에
있을 건 다 있다 아이가 퍼뜩 온나 이짜로*.

* 뭡니까예 : 무엇입니까?
* 시자카던데 : 시작하던데
* 영글었제 : 영글었지요?
* 알거째 : 알겠지요?
* 퍼뜩 온나 이짜로 : 빨리 오너라 이쪽으로

코피bloody nose

짱이면 어쩔 건데?
아! 어쭈, 요것 봐라

끝까지 맞짱뜨다
불화살이 날아든다

백두곰
흰머리독수리
두 마리 다 터진다.

학이 별이 되어

흰 적삼 검정치마
머리엔 빨간 왕관

온천천 비상하여
오대양 육대주로

가슴에 태극기 꽂고 한류문화 펼쳐라.

두루미 울음소리
뚜루루 학이 되어

나로도 솟아올라
우주를 비행하며

한국의 얼과 혼담아 별이 되어 빛나라.

후투티를 기다리며

둥지는
안 맹글고*
빈 구녕에* 전세 산다

재발리*
쏘다니며
곡괭이질 분주하고

놀라면
인디언 추장처럼
머리 깃털 힘준다.

* '만들고'의 경상도 방언.
* '구멍에'의 경상도 방언.
* 동작 따위가 재고 빠르게. '재빨리'보다 여린 느낌을 줌.

第5部

1976년 7월 보름

공간空間

형편은 이코노미
인천 도하 날고 있다

좌석은 웅그리고
담요 티슈 자고 먹고

영점 오
제곱미터는
하늘 속의 내 공간.

교배 채소

대파와 양파가
만나서 쪽파 되고

배추와 무가 만나
배무채 되는 세상

순무와 홍심무 만나
보르도무 되듯이.

구절초九節草

무서리 내린 들판 단아한 모습으로
아홉 개 마디 생겨 아홉 번 꺾이는 풀
태음력 9월 9일경
젤 멋스런 들국화.

꽃잎 뒤 아침햇살 은은하게 비출 때
겹쳐진 꽃잎들이 하얗게 다가오면
구절초 분홍빛깔이
빛방울로 변한다.

밤사이 내린 이슬 꽃잎에 머금으며
청초한 자태로 파르르 떨고 있을 때
살며시 등 뒤로 다가가
안고 싶은 아가씨.

낮달맞이꽃

갸우뚱 기울이며
하늘을 쳐다보니

연분홍 하얀 달이
있는 듯이 없는 듯이

낮에도
달맞이하는 꽃
이름만큼 환해요.

산목련

보랏빛 향기 나는
깊은 산 드문 곳에

잎새 뒤 살짝 숨은
청초한 모습이여

산목련
함박웃음에
더 아뜩한* 초여름.

* 갑자기 어지러워 정신을 잃고 까무러칠 듯한

무궁화無窮花

아침에 피었다가
저녁에 시들지만

날마다 새로 피니
온갖 곤충 품어준다

진딧물
불볕더위에도
꿈쩍 않는 겨레꽃.

복수초福壽草

압록강 살얼음이
깨져서 소리날까

칠흑의 어둠 속을
숨죽이며 건너오니

온몸이 아리어 온다
샛노란 꽃 복수초

캄캄한 두만강을
얼음 깨고 건너오듯

언 땅을 뚫고 오니
따뜻한 봄이어라

꽃말은 영원한 행복
아픈 추억 못 잊어.

불두화佛頭花

초파일
전후해서
파래소를 찾아가면

무성화無性花
하얀 꽃이
오는 이를 반겨준다

외딴곳
홀로 산다고
벌 나비도 오지 않네.

아메리카노

안경을 벗어들고
기지개를 켜고 나서

원두빛 연한 향기
한 모금씩 마셔본다

머그잔
커피 색깔에
가을빛이 머무네.

여름 숲에서

저수지 아랫물에 소금쟁이 모여 살고
흐르는 실개천엔 옹기종기 다슬기 떼
숲가엔 촌부 촌로들 등 기대고 살고 있다.

매미는 굼벵이 시절 목 놓아 증언하고
온몸으로 실을 뽑아 그물집 짓는 거미
편백림 푸르른 숲으로 빛의 화살 꽂힌다.

풀뿌리 나무뿌리 낙엽 속 숨은 이야기
동화 속 주인공들 역사役事가 한창인데
혼곤한 낮잠 속으로 달아나는 여름 숲.

영산홍

연분홍
꽃잎 뒤로
첫사랑 감춰 두고

샛가지 꿈도 많아
색색깔로 피는 그녀

봄 향기
어깨춤 추며
부활 소식 알린다.

오월에

백두산 쌓였던 눈
초여름에 녹는구나

판문점서 노래하는
한반도 고향의 봄

평화는 푸른 숲으로
아장걸음 걸어온다.

[국제시단] 오월에 /권상원 [메인] 2018.06.03.(일)

〈시작노트〉
소년은 고향의 봄, 제주의 봄을 노래한다. 오월의 바람 색깔은 초록이다. 남북녘의 풀빛과 초록은 같은 색이겠지? 새로운 시작, 평화는 신록의 계절, 피톤치드 숲속으로 힐링할 채비를 하고 있다. 한반도는 초록에서 쪽빛으로, 하늘색에서 순백(純白) 하얀색으로, 바람의 색깔대로 오묘한 빛깔을 만들 수 있다. 지구에서 고향이 한반도인 사람은 한국인(Korean)이다. 오월의 신랑 平과 신부 和는 8000만 하객들에게 감사 인사를 올리고 이리저리 찬찬히 보며 팔짱을 끼고 걷고 있다.

조각자나무

성남초* 본관 뒤에 보기 드문 나무 있다
마디 혹 억센 가시 온갖 시름 혼자 품고
전자파 뒤틀린 껍질 공해앓이 몸부림

맑은 향 연두색 꽃 벌과 나비 찾아들고
겉모습 험상궂어도 꽃과 향기 우아하다
속 무늬 아름다운 건 목공예인 알고 있지

비틀지 아니해도 꼬투리는 매운 냄새
뿔처럼 달린 가시 종기 찔러 치료하고
이파리 부르르 떨며 날 세우는 조각자皁角刺

* 성남초 : 부산시 동구 범일로53번길 14 소재

1976년 7월 보름

스물둘 음력 7월
보름달이 너무 밝아

미아리 두들마을
가슴으로 오고 가며

손편지
떨리는 시절에
그리움은 천 리 길

콜라비

순무와 양배추의 교배채소 콜라비*
독일말 콜은 양배추 라비는 순무란다
우리말 순무양배추 고운 이름 부르자.

연두색 보라빛깔 색깔은 두 종륜데
달달한 양배추 맛 아삭한 식감 좋아
가슴을 얇게 채 썰며 깍두기로 저민다.

* 콜라비(Kohlrabi): 양배추과 채소의 하나, 순무양배추, 구경(球莖)양배추

호숫가에서

호숫가 소나무는
거꾸로 자라지만

물오리 지나가니
잔물결 따라 간다

어머니
맑은 눈 같은
시민공원 호수여.

홍가시나무

분홍 꽃 피고 지면
노란 꽃 피어나고

어린잎 붉은 빛깔
윤기 내며 뜨이는 건

흰 꽃을 피우기 위한
연둣빛의 몸부림.

환삼덩굴

외가닥 줄기 잡고 얽힌 덩굴 끄잡으니
끄덕도 하지 않아 낫을 들고 달려드니
살려고
몸부림치며
손 발목을 핥킨다.

기대며 끌어안고 기어올라 덮치고는
햇살을 차지하며 거드름을 피워대니
아집我執도
뿌리를 닮아
뽑기조차 힘들다.

제6부

선율선 시조보

시조창 1

정 인 경

옥구슬 구르는 듯
흐르는 물결처럼

유연하게 뻗어가는
청아한 그 가락은

오천 년 이 땅 지켜온
천상의 소리어라.

[이 한편의 시조] 2019-07-04. 본지 국제신문

'흥겹게 장단치며 도랑물이 흐르고
나뭇잎 사이로 실바람이 찾아들어
매미들 합창소리가 고요를 깨고 있다'(2수).

'느림의 미학 時調, 천년의 맥을 잇다'
한얼정악연구소 제23회 정기공연이 6일
오후 6시 부산예술회관 대극장에서 열립니다.
가객 정인경 선생님, 아자!

선율선 시조보

이 시조집에 수록한 시조악보는 중요무형문화재 제41호 가사(歌詞) 기능보유자이셨던 故 석암石庵 정경태鄭坰兌 선생이 누구나 쉽게 배울 수 있도록 창안하신 선율선旋律線 시조보時調譜입니다.

정간보井間譜는 전공자 외에 일반인이 보고 배우기가 어려워 현재 전국의 시조 애호가들이 이 선율선 악보를 익혀서 한국의 시조창時調唱을 부르고 있습니다.

고시조는 노래를 부를 때 종장의 마지막 음보를 노래하지 않는데 현대시조를 창으로 부를 때는 마지막 음보를 부릅니다.

이유는 고시조는 마지막 음보를 노래하지 않아도 시조가 내용의 의미 전달이 용이하고, 현대시조는 마지막 음보에 의미가 담겨 있기 때문에 노래를 다 불러야 합니다.

채보採譜는 중요무형문화재 제41호 가사이수자이고, 석암의 제자였던 한얼정악연구소의 원심圓心 정인경丁仁鏡 선생이 하였습니다.

악 · 학의 원리
(시조창 음계의 기초 설명)

율 명	황종	대려	태주	협종	고선	중려	유빈	임종	이칙	남여	무역	응종
서양음계와 비교	도		레		미	파		솔		라		시
선율보에 표기된 음명 표시	1	1#	2	2#	3	4	4#	5	5#	6	6#	7
음명 수량	1	2	3	4	5	6	7	8	9	10	11	12
율 려	율	려	율	려	율	려	율	려	율	려	율	려
양 음	양	음	양	음	양	음	양	음	양	음	양	음
중국 음계성	궁 (宮)		상 (商)			각 (角)		치 (徵)		우 (羽)		
정악에서 기본음으로 통용되는 음계	군 (君)		신 (臣)			민 (民)		사 (事)		물 (物)		

계면조 — 계면조는 황종, 임종이 기본음이고

평조 — 평조는 황종, 중려가 기본음이고

우조 — 우조는 황종, 태주가 기본음이다.

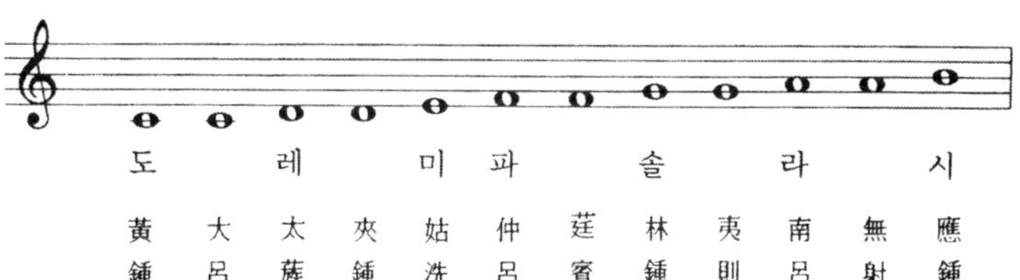

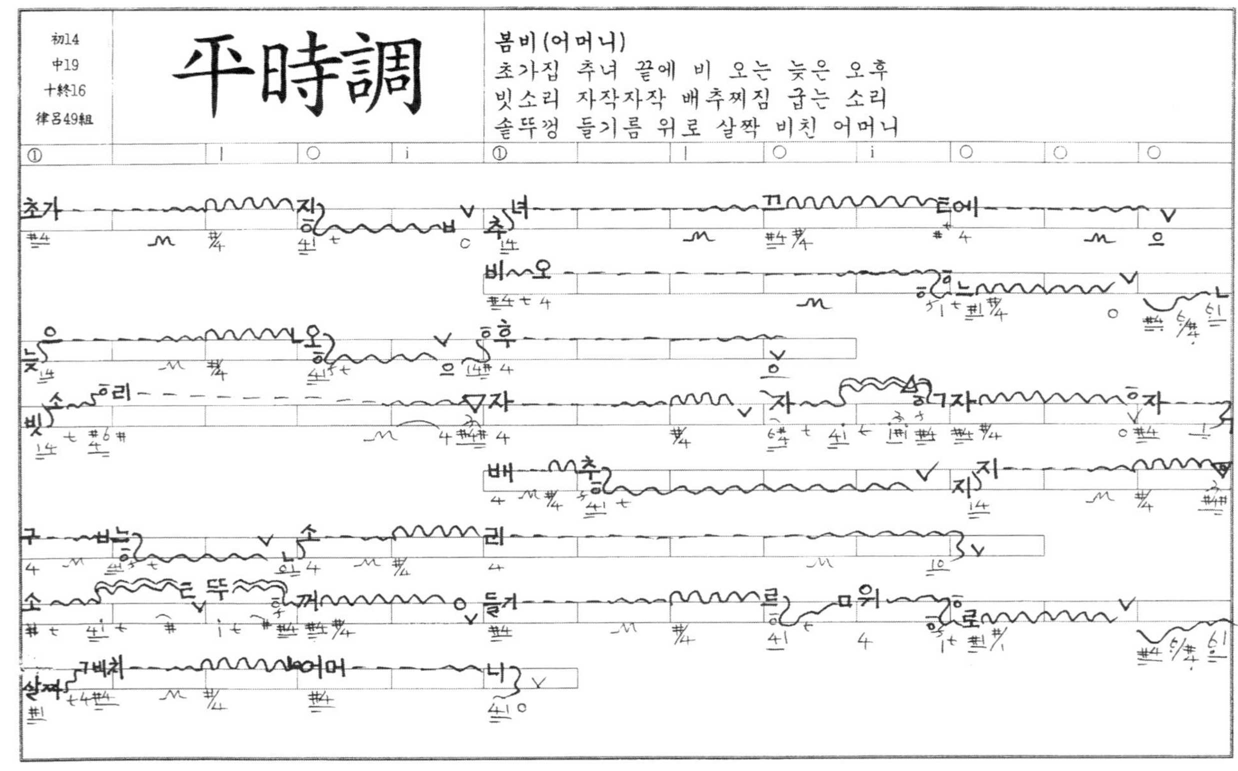
初14
中19
十終16
律呂49組
平時調
봄비(어머니)
초가집 추녀 끝에 비 오는 늦은 오후
빗소리 자작자작 배추찌짐 굽는 소리
솥뚜껑 들기름 위로 살짝 비친 어머니

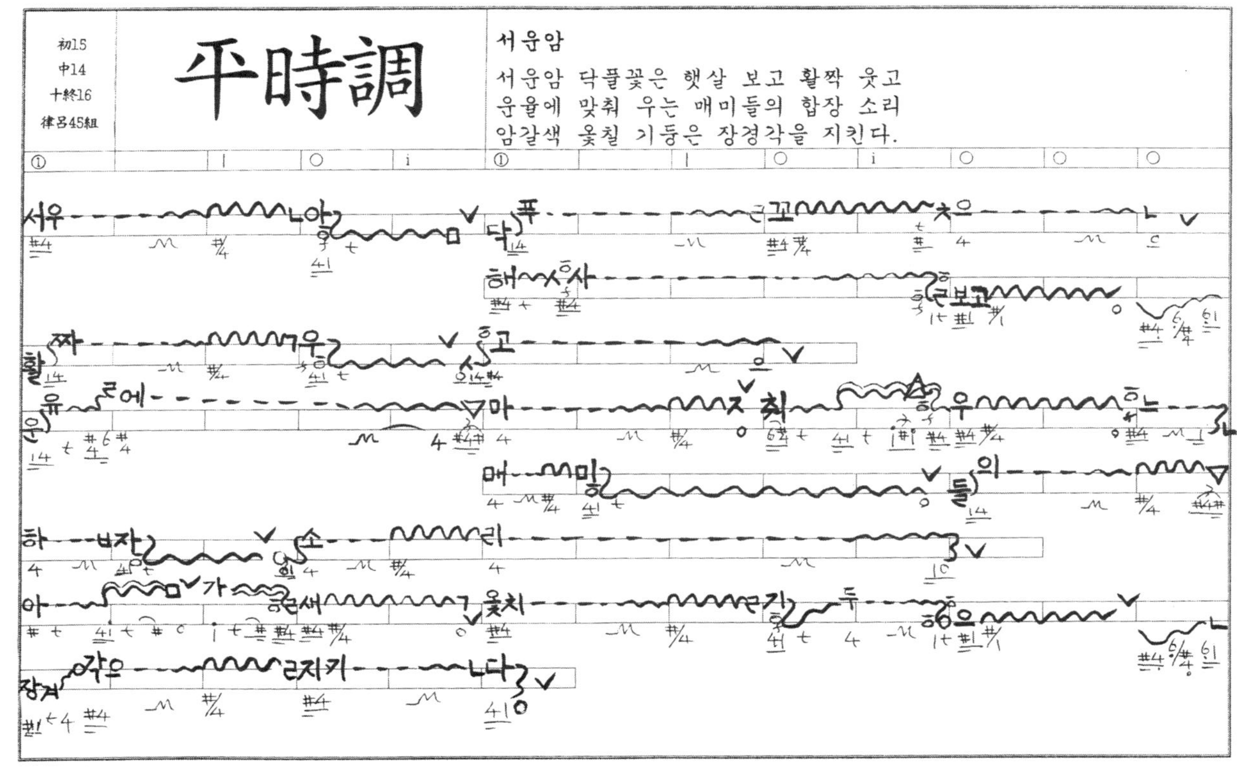
初15
中14
十終16
律呂45組
平時調
서운암
서운암 닥풀꽃은 햇살 보고 활짝 웃고
운율에 맞춰 우는 매미들의 합창 소리
암갈색 옻칠 기둥은 장경각을 지킨다.

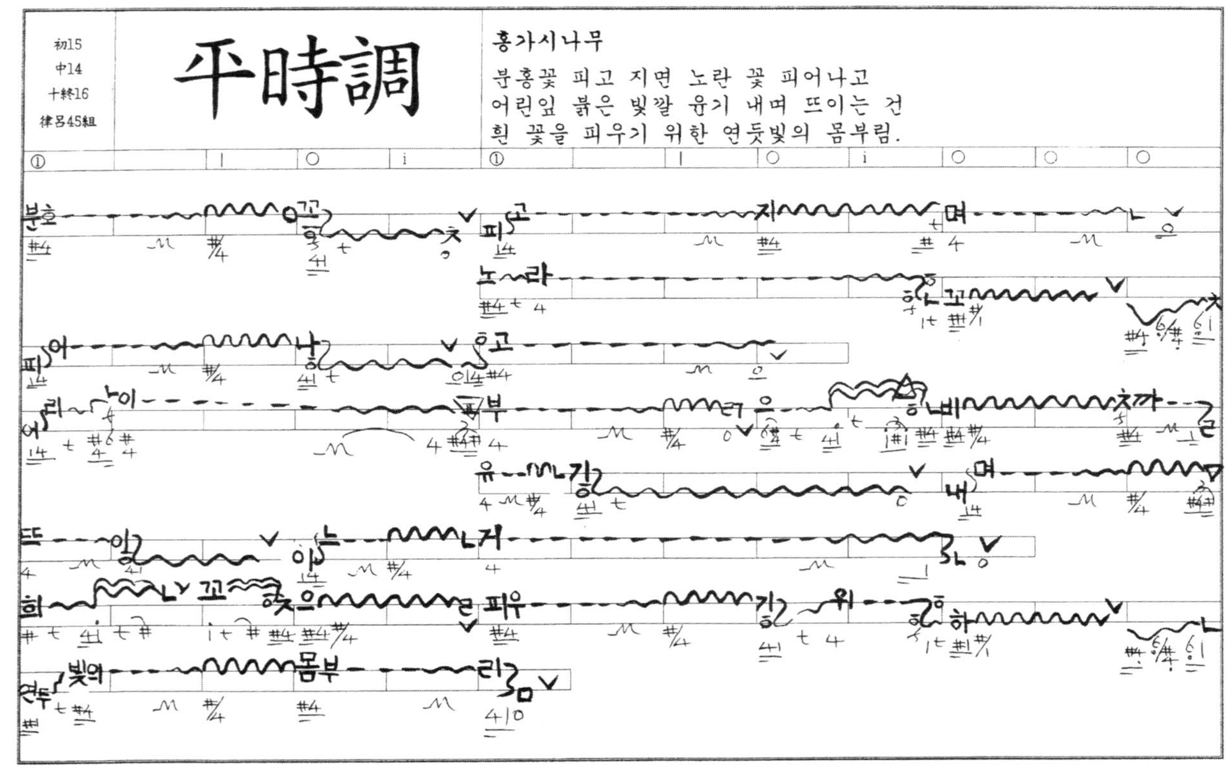
初15
中14
十終16
律呂45組
平時調
홍가시나무
분홍꽃 피고 지면 노란 꽃 피어나고
어린잎 붉은 빛깔 윤기 내며 뜨이는 건
흰 꽃을 피우기 위한 연둣빛의 몸부림.

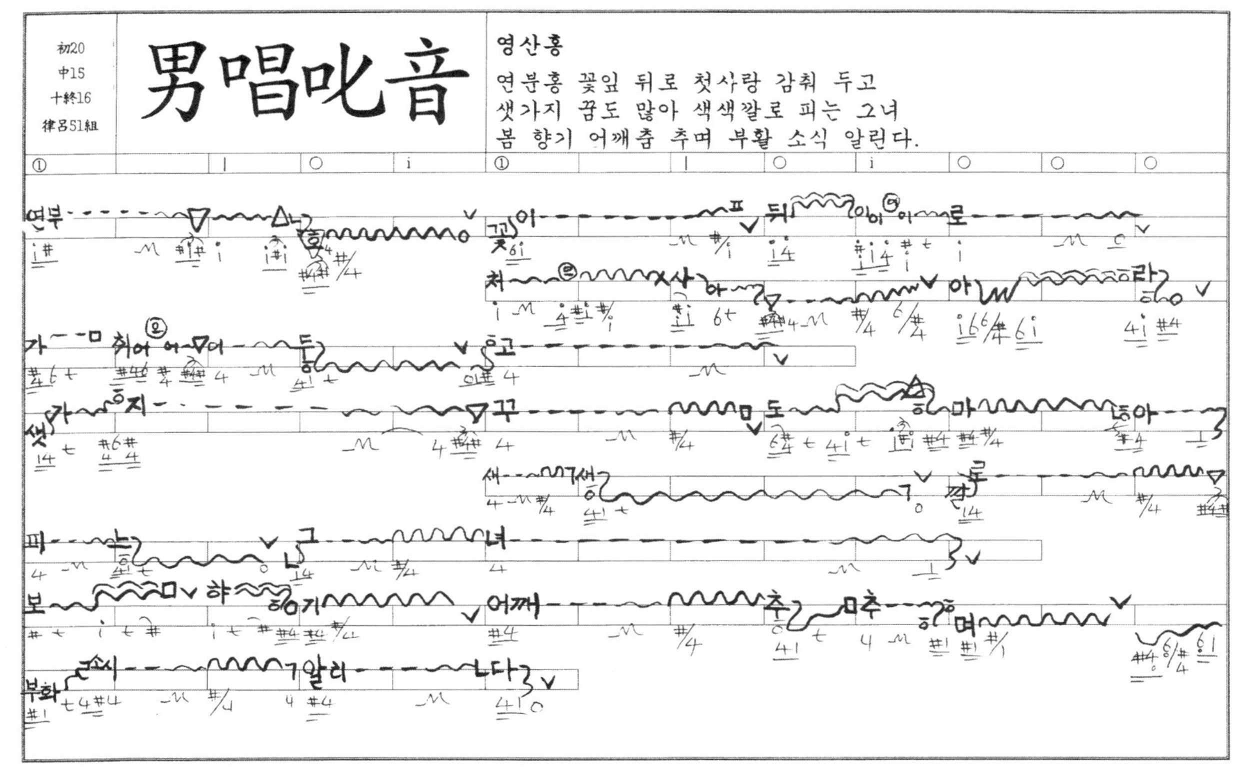
初20
中15
十終16
律呂51組
男唱叱音
영산홍
연분홍 꽃잎 뒤로 첫사랑 감춰 두고
샛가지 꿈도 많아 색색깔로 피는 그녀
봄 향기 어깨춤 추며 부활 소식 알린다.

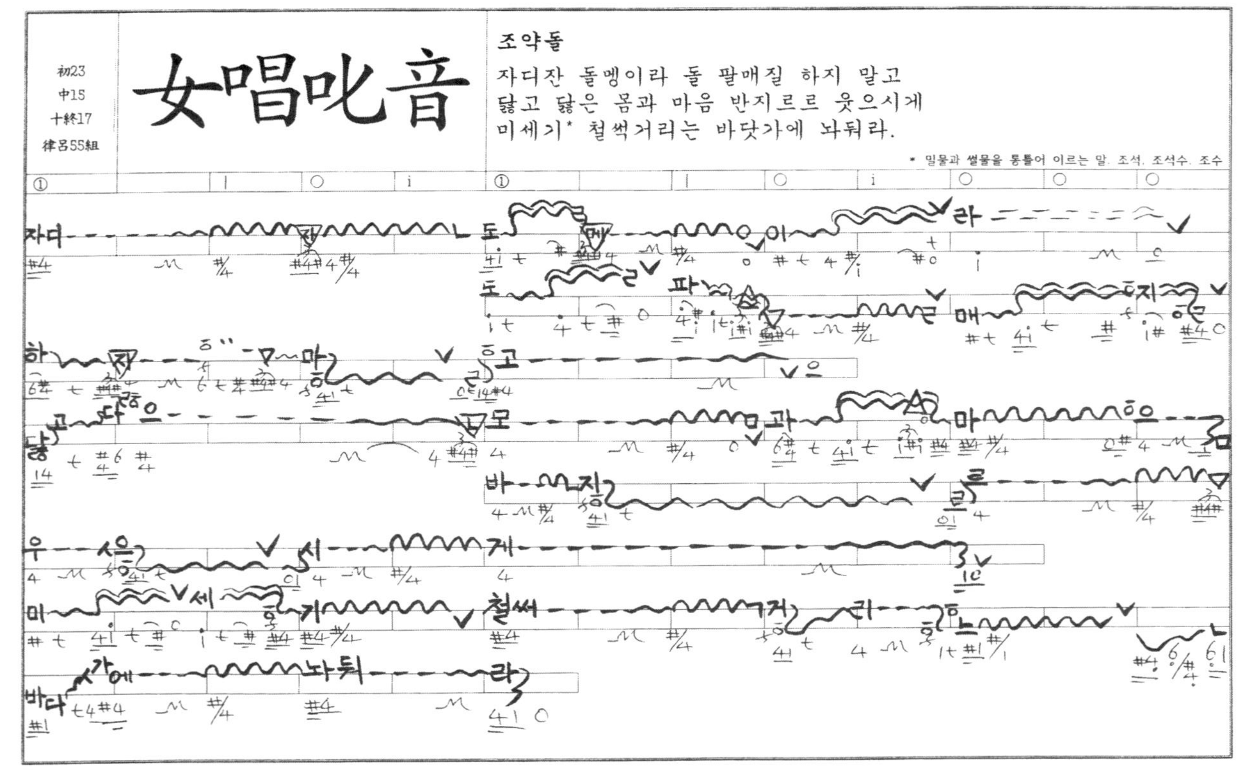
初23
中15
十終17
律呂55組
女唱叱音
조약돌
자디잔 돌멩이라 돌 팔매질 하지 말고
닳고 닳은 몸과 마음 반지르르 윳으시게
미세기* 철썩거리는 바닷가에 놔둬라.
* 밀물과 썰물을 통틀어 이르는 말. 조석. 조석수. 조수

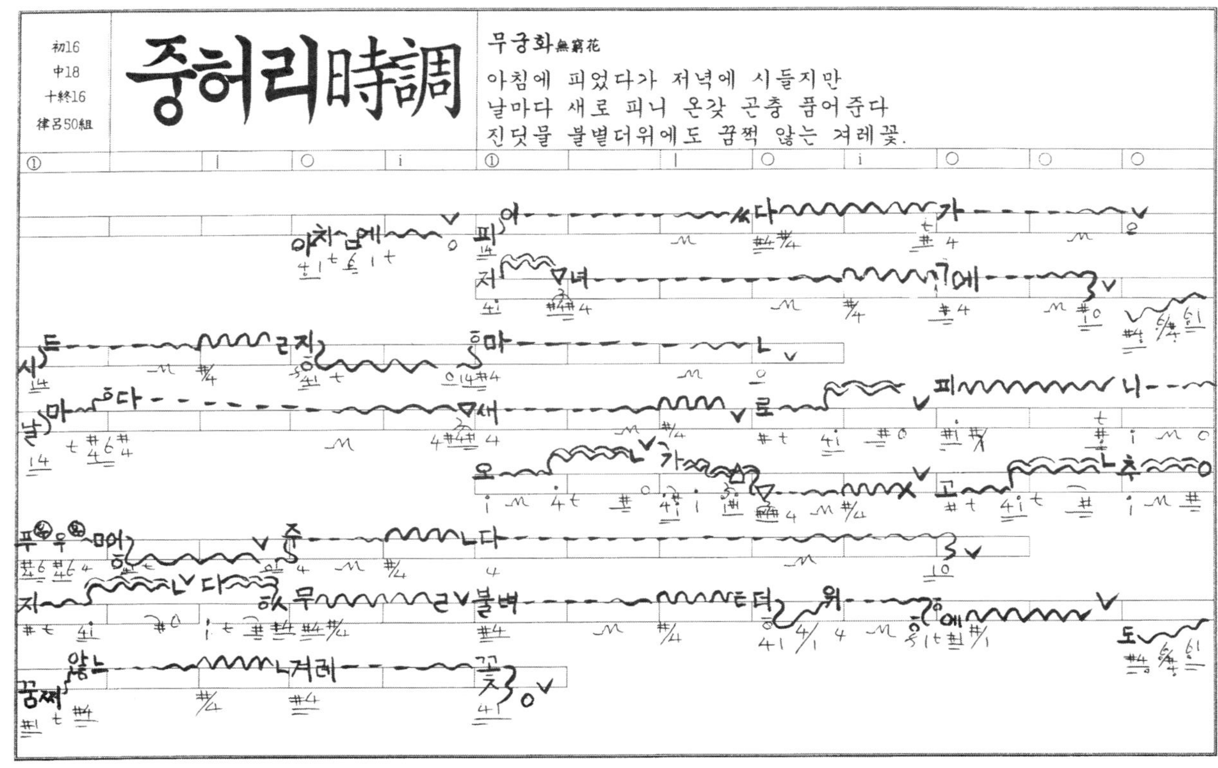
初16
中18
十終16
律呂50組
중허리時調
무궁화無窮花
아침에 피었다가 저녁에 시들지만
날마다 새로 피니 온갖 곤충 품어준다
진딧물 불볕더위에도 끔쩍 않는 겨레꽃.

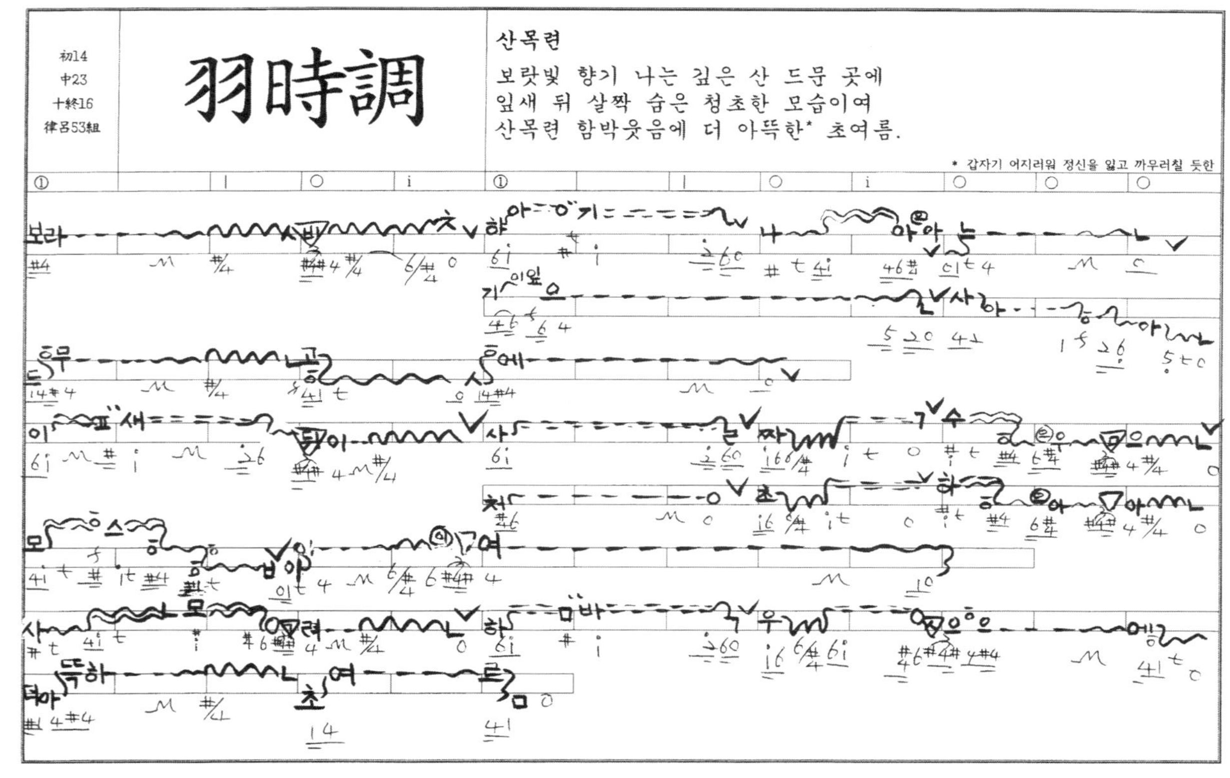
初14
中23
十終16
律呂53組
羽時調
산목련
보랏빛 향기 나는 깊은 산 드문 곳에
잎새 뒤 살짝 숨은 청초한 모습이여
산목련 함박웃음에 더 아뜩한* 초여름.
* 갑자기 어지러워 정신을 잃고 까무러칠 듯한

어머니

작사 권상원

작곡 정인경

| 권상원 시조집 해설 |

사실화풍의 시조의 맛과 멋

임종찬 | 부산대 명예교수

Ⅰ. 옛날에 사는 풍류 시인

서양 문화는 그리스, 로마 문화를 원천으로 여기므로 여기에 편입하는 것이 문화 사회라 생각하였다. 여기서 벗어난 문화를 천하다고 비판해온 것이 서양 정신사다. 우리도 이와 비슷한 사고를 한 적이 있다.

옛날 동양사회는 한문화를 모범문화로 여겼기 때문에 여기 편입되기를 바랐을뿐더러 흉내 내기를 열심히 하였다. 우리 스스로를 소중화小中華라는 자부 아닌 자부를 고집한 못난 시절이 있었다는 말이다. 그러나 한편으로는 이러한 분위기에서 벗어나고자 하는 노력이 있었다. 우리 식의 노래, 우리 식의 시가를 만들어 불러야 옳다는 생각이 시조를 탄생시키기에 이른 것이다.

시조가 이런 바탕에서 시작되었다면 이걸 계속 발전

시켜야 마땅한데, 서양에서 자유시의 바람이 불어오자 옛날엔 시라면 중국 한시라 하더니 이번에는 시는 자유시라 말하는 쪽으로 기울어졌다. 나무라고 싶은 것 보다 우리 것의 아름다움을 놓치는 것이 우매한 짓이라는 말은 하고 싶다.

권 시인은 시조를 짓기도 하지만 시조창을 부르고 있다는 점에서 시조의 원형을 지켜나가는 몇 안 되는 시인 중 한 명이다. 시조창은 조선 영조 때의 가객歌客 이세춘이 만든 것으로 3장 형식의 정형시에 반주 없이 일정한 가락을 붙여 부르는 노래이다. 옛날 선비들은 우리말로 시조를 짓고 이걸 우리 식의 창곡으로 노래하면서 한세상을 멋지고 풍요롭게 건넜다. 지금처럼 각박한 풍습은 아니라 해도 삶이 고달픈 건 예나 지금이나 다름이 없겠지만 현 우리는 우리 시와 음악으로 세파를 이겨낼 줄을 모르는 이가 많으니 아쉽다고 할 수 있다.

권 시인은 시조의 묘미와 창의 가락에 흠뻑 빠지다 보니 몸은 현재지만 정신은 예전의 풍류를 즐기는 선비의 모습으로 사는 분이다. 이 말을 서두에 끄집어내는 의미는 그의 시조는 애써 기교를 부리어 현란하지 않고 담담히 흐르는 물처럼(그의 호 역시 그의 품성대로 멈춘 듯 조용한 강이란 의미에서 묵수默水라 하지 않는가.) 그냥 시조의 가락을 자연스럽게 풀어내는 시인임을 우선 지적하고자 한다. 그의 시조에서 심대한 의미나 의미 중첩의 난해를 기대하지 않아도 된다. 시는 그

냥 그대로의 직선에서 약간 굽은 그것이면 자족하다는 그 나름의 시학을 갖고 사는 듯이 보이기 때문이다.

선조들이 우유한 기분 진솔한 표현으로 만족하면 그만이지 여기서 넘칠 필요가 없다는 생각과 그리 멀지 않은 시조시인임을 우선 밝힌다.

흔히 회화를 사실화와 추상화로 대별하고 있는데 추상화는 사물을 사실적으로 표현하지 않고 점・선・면・색채로 자연의 외관을 그린다. 사실성의 단절을 강조한 20세기 미술의 한 양식을 추상화라 한다면 사실화는 사실적 측면의 강조를 통해 화가와 감상자의 정서적 거리를 좁혀 사실성을 강조하는 그림이다. 말하자면 권 시인이 우려하는 대목은 시는 시인과 독자와의 거리를 멀리 떼어놓으려는 데 불만을 갖고 있는 듯이 보인다는 점이다.

II. 사물에 의미 혹은 이름 붙이기

시인이 보는 사물은 사물그대로가 아니다. 사물에다 덧대어 꿰매거나 쪼개어 보는 별난 취미의 소유자들이 시인들이다. 시인의 눈은 그러니까 덧대기 잘하는 재봉사의 솜씨, 난도질하는 푸줏간 칼잡이 솜씨, 이것도 아니면 사물이 아닌 것처럼 덮개를 씌우는 마술사 같은 솜씨로 사물을 변용해서 바라본다는 말이다. 사물에 의미를 더하여 새로운 이름표를 붙이는 것이 시인이라는 말이다.

콜럼버스는 아메리카 원주민을 인디언(인디오)이라고 명명하였다. 1492년 그가 발견한 그 땅이 인도인 줄 착각한 데서 비롯된 이름이다. 땅 이름도 인명에서 유래하여 아메리카(아메리고 베스푸치)와 콜럼비아(콜럼버스) 여기서 더 나아가 가톨릭 신앙과 관련된 이름을 지명으로 붙여 엘살바도르(구세주 예수), 상파울루(성 바울), 베라크루스(진정한 십자가), 산타페(거룩한 믿음), 산티아고(예수의 제자 야고보), 아순시온(성모 마리아의 승천 축제일) 등 땅에다 의미를 나름대로 붙여 이름 지어 불렀다. 시인 역시 이름 붙이기를 잘한다.

철새 떼 머물다 간
을숙도 갈밭머리

수척한 배 한 척
하릴없이 주저앉아

햇살이 키워낸 바다를 쉼 없이 쫓고 있다.

— '을숙도 봄' 일부

'수척한 배'라. 몹시 야위고 파리한 동물에 비견되는 배라는 말은 무슨 의미일까. 다음 말을 들으면 뜻을 알

수가 있다. 하릴없이 주저앉은 상태의 배, 인간으로 치면 앉은뱅이 같은 배라는 것이다. 시인은 주저앉아서 세월을 축내고 있는 폐선을 본 것이다. 그렇기 때문에 '햇살이 키워낸 바다' 그 장대한 바다에 꿈을 좇고만 있는 불구의 배가 풍경화 된 그림의 시조다. 배에다 앉은뱅이라는 이름을 붙이고 있지 않는가.

산에는 산도라지
밭에는 밭도라지
필 곳도 많을 텐데 하필이면 봉분 옆에
아버지 묘비 둘레에 말동무로 피는 꽃

— '도라지꽃' 일부

아버지 봉분 옆에 핀 산도라지는 산도라지가 아니고 평소 아버지와 친교하던 친구 모某씨 같은 연분으로 옆자리에 피어 있어 아버지를 외롭게 하지 않는 꽃이 산도라지라 판단하였다. 사물을 인격화해서 그것도 아버지와의 인연으로 사물을 보고 있다.

누구를 떠올려도 얼마나 귀한 거냐
뙤약볕 자갈밭도 허투루 뵈지 않아
가을 뜻 두 손에 받아 꽃도 나도 함께 핀다.

— '코스모스' 일부

가을이 주는 은혜로운 햇살과 바람 이것이 만들어낸 결실과 개화는 공손을 다하여 두 손으로 받아야 함을 의미한다면 코스모스 한 송이도 소중한 가을 은총이므로 함부로 할 수 없음을 말한다. 코스모스는 이제 가을이 내린 은혜요 선물로 이름이 바뀌었다. 공손을 다해야 할 계절이 하사하는 선물이 코스모스라 한 것이다.

> 경자년 우곡리에 머물며 있다 보니
> 오십천 둑길에는 발소리도 한적하고
> 널따란 운동장에는 그림자도 숨어 논다.
>
> — '경자년 일기' 일부

왁자하던 산골 마을이 이제는 한적한 곳으로 변해버린 터이기에 사람의 기척과 발자국마저 희미해진 현상, 거기다 학교는 폐교 위기이거나 이미 폐교가 되어버렸으므로 옛날 운동장을 메웠던 그림자들은 잠적하고 말아 그림자가 숨어버렸다 한 것이리라. 숨바꼭질의 현장으로 운동장을 지금 보고 있다. 술래가 찾을 때까지는 잠적한 현실을 이렇게 표현하고 있다. 운동장은 숨바꼭질이 지금 벌어지고 있는 현장이라 하였다.

이상의 시조들에서 보듯이 권 시인은 사물의 실상을 초월하여 다른 의미를 붙여 이름을 달리 부르기 시작한 것이다.

Ⅲ. 체질화 된 사물의 맛보기

19세기 후반까지 우리나라는 교통수단이 어려웠던 터라 그 지방에서만 생산되는 식재를 가지고 요리해 먹었고 이것이 그 지방 특유의 조리법을 더하여 향토음식으로 굳어졌다. 교통의 발달과 외래음식의 도입으로 인하여 향토음식은 본래의 개성을 잃어가고 있지만 권 시인은 그때 그 순수에 대한 추억을 시조에서 맛보게 한다.

갖가지 한약재로 빚고 끓인 증류주라
톡 쏘는 목 넘김에 맛과 향이 오묘하여
술잔이 몇 순배 들고 나니 몸도 맘도 취한다.

— '초화주(椒花酒)' 일부

산초나무꽃으로 담근 술이란 뜻인 모양이다. 이 술은 이규보 문집에도 나오는 술이니 귀하고 값진 술임은 분명하다. 권 시인은 초화주의 맛봄에서 몸도 마음도 취흥에 젖어 술맛을 감상하고 그 남은 기분을 독자에게 느껴보라는 걸로 압박한다.

봄에는 진달래전 여름엔 장미꽃전
가을엔 감국화전 겨울에는 쑥갓잎전
꽃 고명 살며시 올려 동글납작 지진다.

— '화전(花煎)' 일부

화전은 달리 꽃놀이, 화花놀이 · 꽃달임 · 화류花柳놀이 · 화류유花柳遊라고도 한다. 화전은 꽃을 붙인 차전병의 하나이다. 독서에 지친 유생儒生들은 유생들끼리 부인들은 부인들끼리 어울려서 산천을 따라 유락遊樂하는 행사가 화전놀이다. 화전은 점심 끼니로도 술안주로도 겸할 수 있다. 동글납작 지져 먹었던 예스런 풍류를 시방 맛보라 한다.

형 동생 나눠 먹던 주머니 속 꺼저리콩
볶은 콩 갈라진 틈 겨울나는 손등 같아
아리고 어렵던 시절 귀밝이술 취한다.

— '꺼저리콩' 일부

경북 지방의 세시풍속에 꺼저리콩 주워 먹기가 있다. 정월 14일에 콩을 볶아서 방의 네 구석에 놓아두었다가 보름날 아침밥을 먹은 뒤에 "꺼저리 주워 먹자, 딱정이 주워 먹자."라고 말하면서 주워 먹는 풍습이다. 이러면 장판 밑에 생기는 딱정벌레인 꺼저리가 없어진다고 한다. 권 시인의 고향은 경북 영양이다. 그 고장의 풍속을 소개하면서 꺼저리콩 주워 먹던 추억을 되살리고 있다. 볶은 콩 갈라진 껍질이 춥고 배고픈 어린 시절 겨울철, 산촌 아이들의 손등 같다고 하면서 음력 정월대보름 아침에 마시는 귀밝이술로 취한다고 아픔을 노래하고 있다.

쇠응달 바위 틈새 찬 샘물 길어다가
오이채 불린 미역 새콤달콤 버무리면
한낮의 불볕더위도 놋대접에 녹는다.

냉국에 꽁보리밥 풋고추 된장 찍어
찐 감자 한입에다 묵은지 한두 조각
달빛에 익은 노각이 입가에서 웃는다.

— '오이냉국' 전문

완전히 성숙된 오이를 노각이라 한다. 이 노각으로 채를 만들어 샘물 길어다 미역을 띄운 오이냉채는 더위를 식히는 여름 별미다. 우리네 가난한 시절의 농촌 여름 반찬엔 응당 풋고추에 된장을 찍어 반찬 삼던 것이 아니었던가. 옛날에 살아 그날 그 맛깔스러움으로 안내하는 이 시조는 오늘의 풍요 뒤편의 옛 정서를 물씬 맛보게 한다.

이상에서 보듯이 권 시인은 토속 음식의 맛깔스러움으로 독자를 안내하면서 몸은 현재이지만 정신은 예전의 풍류스러움으로 살고자 하는 시인임이 확인된다.

Ⅳ. 꽃을 완상(玩賞)하는 즐거움

꽃을 암호의 수단이거나 서로 간의 아름다운 인연의

실 끝으로 사용한 역사는 오래되었다. 꽃말(language of flowers) 또는 플로리오그래피(floriography)는 꽃을 사용하거나 배열하면서 쓰이는 암호 통신의 수단으로 활용하였다. 한편, 지금도 달리아는 '나를 행복하게 하는 당신의 사랑', 백합은 '순결', 작약은 '부끄러움', 빨간 장미는 '불타는 사랑', 안개꽃은 '맑은 마음', 튤립은 '영원한 사랑' 등의 꽃말로 상대와 의사를 소통한다.

꽃은 히브리어 성경에서 메시아의 출현의 기호로 사용되기도 하였다. 셰익스피어 작품에서도 상징적 의미로 꽃이 등장한다.

캄캄한 두만강을
얼음 깨고 건너오듯

언 땅을 뚫고 오니
따뜻한 봄이어라

꽃말은 영원한 행복
아픈 추억 못 잊어.

— '복수초(福壽草)' 일부

백두산에 올랐던 갑다. 백두산에 겨울을 이기고 핀 복수초를 보면서 특별한 의미를 덧붙여 보았다. 민족의 아픔을 아픔이라 말하지 말고, 굳건히 통한의 역사를 견뎌낸 민족의 저력, 언젠가는 도달할 영원한 행복을

기약하고자 하는 다짐의 꽃, 복수초를 보고 있는 것이다. 복수초를 '영원한 행복'이라고 새로 꽃말을 붙이고 있는 것 같지 않는가. 이만갑, 이제 만나러 갑니다. 동토의 땅에서 자유를 찾아 혹한의 야밤에 압록강, 두만강을 건너 따뜻한 남쪽 나라, 대한민국 서울로 월남한 탈북민의 애환과 아픔을 노래하고 있다.

보랏빛 향기 나는
깊은 산 드문 곳에

잎새 뒤 살짝 숨은
청초한 모습이여

산목련
함박웃음에
더 아득한 초여름.

— '산목련' 일부

산목련을 달리 함박꽃나무라고도 한다. 권 시인은 이 꽃에다 '청초한 모습'이라고 그 나름의 꽃말을 붙이고 말았다. 내외를 하는 자태가 고운 아낙네 모습으로 이 꽃을 보고 있는 것 같다.

낭만에 젖으면서 사진 찍는 가족들
백발이 쑥스러워 고개 숙인 억새꽃

억새꽃 아름다워라 석양빛에 타는 놀

— '억새꽃' 일부

늙음을 익음으로 치환해서 보고 있다. 세월을 견딘 낭만의 흔적이 백발이라 해도 좋다는 눈치다. 하릴없이 세월만 축낸 것 같은 쑥스러움은 늙을수록 찾아오는 감정이다. 그러나 훈장처럼 백발을 이고 서면 견뎌낸 세월이 아름답게 느껴질 때가 있는 게 인생살이다. 어느덧 석양에 서서 붉게 타는 저녁놀 앞에 선 자신을 이 시조로 표현했다면 권 시인은 억새꽃을 '자화상'이란 꽃말로 의미를 던지고 있다 봐야 한다.

이상 몇 가지 주제로 권 시인의 시조를 읽어봤다. 다시 말하거니와 그의 시조는 시상이 난삽하지 않고 헝클린 데가 없다는 점에서 단단하다는 강점을 보인다. 사실적 접근법으로 시상이 구체화된 시조라 말해도 좋다.

여기서 더 욕심을 내자면 다음 시조집에서는 이것과는 다른 시조 즉, 의미의 깊이가 더해진 시조, 해석이 간단해 보이지 않는 복합적 의미의 시조도 보여주면 어떨까 하는 생각이 든다.

아삭한 그리움의 세계

권일홍 (아들)

아버지께서 시조집에 들어갈 글을 부탁하셨을 때, 추호의 망설임도 없이 쓰겠다고 말씀드렸습니다. 우선은 아버지께서 쓰신 시조를 읽으면서 아버지를 이해하고 싶은 마음이 컸습니다. 막상 글을 쓰려고 하니 어렵기도 하고 부담스럽기도 합니다. 전문가가 아니다 보니, 깊이 있는 통찰을 보여줄 수 없겠지만 가족이다 보니, 정감 있는 감상은 보여줄 수 있을 거라고 믿으며 아버지의 시조를 찬찬히 들여다봅니다.

아버지의 첫시조집에서 〈고향집〉을 출발점으로 삼았습니다. 경북 영양에 있는 '고향집'은 저에게도 의미가 있지만 그곳에서 가족들과 함께 살았던 아버지에게는 더 각별한 의미가 있는 곳입니다. 명절과 방학 때, 육남매와 그 가족들로 붐비던 고향집은 할아버지와 할머니가 차례로 돌아가시고 난 다음에는 이름 모를 풀들로 붐볐습니다. 퇴직 이후에 아버지께서는 혼자서 그 고향집을 다시 고치기 시작하셨습니다. '고칠 게 많더라도 내 손으로 해 보려니 / 유튜브 DIY 공사 밤새는 줄 모른다.'고 간결하게 쓰셨지만 삼사년간 기울인 노력을 알기에 저는 '고향집'을 방문할 때마다 '도산서원'에 온 것처럼 엄숙해집니다.

누구에게나 고향은 소중한 공간이지만 아버지의 고향 사랑은 유별나신 편입니다. 영양이 '별들도 천지빼까리'[1]라면 아버지 시조집에서는 '향수鄕愁도 천지빼까리'라고 할 수 있습니다. 어느 목동이 하늘에 떠있는 별을 상상력에 따라 별자리로 그렸듯이, 고향에 대한 당신의 마음을 어설프게 그려본다면 첫 번째는 가족의 자리일 것이라고 생각합니다. 제1부 을숙도의 봄, 제2부 오이냉국을 중심으로 어머니, 아버지, 할머니, 육남매의 이야기가 아스라이 빛나고 있습니다.

봄비 오는 소리를 듣다가 배추찌짐에 이어 '솥뚜껑 들기름 위에 살짝 비친 어머니'를 떠올리는 〈봄비〉는 전혀 떠올릴 수 없는 아버지의 모습이 담겨 있어 낯설었습니다. '솥뚜껑 들기름 위에 살짝 비친 어머니'는 부

---

1) <별천지! 영양> 中

재하지만 고향집 추녀를 바라보고 있는 당신으로 인해 부재한 줄 알았던 어머니는 '봄비'로 존재하십니다.

〈도라지꽃〉은 당신께서 아버지 산소를 벌초하신 경험을 바탕으로 쓴 작품입니다. 도라지꽃이 희한하게 봉분과 묘비 둘레에 피어서 '심심하지 않으시게' 베지 않으셨습니다. 가만히 비명碑銘을 읽자니 '도라지 보랏빛 꽃별 육군대장'이 되신 당신의 아버지의 모습이 보입니다.

〈봄비〉와 〈도라지꽃〉이 저에게 더 울림이 컸던 까닭은 아버지의 따뜻한 상상력입니다. 아스라이 멀어진 대상을 '배추찌짐'과 '도라지꽃'을 통해서 천천히 모셔 온다는 느낌을 받았습니다. 천천히 모셔 온다고 표현한 것은 아버지의 땀방울을 느낄 수 있었기 때문입니다. 고향집을 수리하다가, 벌초를 하다가 땀방울과 함께 떠오른 당신의 어머니와 아버지였을 겁니다. 아마도 먼 곳에 계신 두 분을 '심심하지 않으시게' 한 것은 도라지가 아니라 아버지였을 겁니다.

첫 번째 자리가 가족의 자리였다면 두 번째 자리는 배고픔의 자리라고 생각합니다. 유년 시절을 회상하고 있는 작품에서 어린 시절의 아버지는 '아리고 어렵던 시절'[2] 속에서 '양지쪽 쪼그려 앉아 배고픔'[3]에 허덕이고 있습니다. 당신께서 회상하는 어머니가 하필 부엌살이 어머니라는 점에서, 당신께서 회상하는 고향 풍경이 하필 입으로 가지고 놀던 버들개지라는 점에서 저는 60년대의 지독한 어려움을 겨우 짐작해봅니다.

아버지의 그 '배고픔'은 생존을 넘어서서 삶의 원동력이 되었다고 생각합니다. 〈흑백사진〉에서 '가을철 산골 아이는 허기지고 차비 없어'서 '신작로 뿌연 먼지도 그 날따라 힘없'이 느껴집니다. '배고픈 네모 도시락 딸각이며 칭얼대'지요. 하지만 '세월이 반백년 지난' 뒤 흑백사진을 바라보는 아버지는 '씩 웃'습니다. 그 시절의 배고픔을 그리움으로 치환할 수 있는 아버지의 시는 〈오이냉국〉처럼 건강합니다. '한낮의 불볕더위도 놋대접에 녹'[4]일 수 있습니다.

아버지의 향수鄕愁는 머물지 않고 계속 흘러갑니다. 경북 영양에 대한 애정은 낙동강처럼 당신께서 가장 오랜 세월을 살았던 부산으로 흘러갑니다. 〈구포장〉에도 가고 〈을숙도의 봄〉도 찾아가지요. 우리나라에 대한 애정도 많아서 아이들에게는 '한국의 얼과 혼담아 별이 되어 빛나라.'[5]고 응원하기도 하고 '한반도 소나무 문화

2) <꺼저리콩> 中
3) <송기떡> 中
4) <오이냉국> 中

세세손손 전하자.'[6]고 당부하시기도 합니다.

그리움의 정서는 고향이라는 시공간을 벗어나서 꽃과 나무 그리고 새와 같은 자연물을 통해서도 나타납니다. 아버지께서 바라보는 자연물들은 아버지의 고향을 닮았습니다. '보랏빛 향기 나는 / 깊은 산 드문 곳에'[7]서 피어나며 '꽃말은 영원한 행복 / 아픈 추억'[8]을 잊을 수가 없습니다. 시민공원 호수에서도 '어머니 맑은 눈'[9]을 떠올리고 계십니다.

아버지께서 고향집을 고치던 작업처럼 어쩌면 아버지의 시조는 고향을 정돈하는 작업일지도 모르겠습니다. 고향의 풍경과 고향의 정신, 고향 사람들의 살아가는 모습을 고향의 언어로 노래하고 계십니다. 아버지의 고향은 관념이 아니라 경험 속에서 존재하며 한곳에 머무르지 않고 계속해서 흘러갑니다. 단단히 베어 물지 않고 보드랍게 베어 물어야 아삭함을 느낄 수 있다는 점에서 아버지의 향수는 당신께서 쓰신 것처럼 '아삭한 그리움'[10]입니다.

---

5) <학이 별이 되어> 中
6) <소나무> 中
7) <모란꽃> 中
8) <복수초> 中
9) <호숫가에서> 中
10) <봄비> 中

경북 영양에서 발원한 향수鄕愁가 향수鄕水가 되어 낙동강처럼 아버지의 세계를 넉넉히 포용해가리라 믿습니다. 그 언저리에 당신의 아내, 저의 어머니께서도 당신의 어머니처럼 환히 웃고 계셨으면 합니다. 국민학교 때 만난 당신의 아내와의 애틋한 사랑을 지켜보았던 〈1976년 7월 보름〉의 보름달이 계속 환히 빛나길 바랍니다. 부족한 제 감상이 고향집 화단 어딘가에 심을 수 있는 모종이 되기를 바라며 이만 글을 줄입니다.